JN409154

김승영 시집

바다는 늘 무엇이 그립다

도서출판 진실한 사람들

| 책 머리에 |

나를 곤혹하게 하는 일에 나를 가두고 있었다.
맑아야 하는 영혼과 순수, 生에 대한 오해
모든 이가 낯설던 서툰 생존
견고한 고독과 자존
가슴 복판 여전한 빈 자리
공허한 삶의 상처
이런 것들 안에서 그만 놓여나야겠다.

나를 나답게 하는 詩 안에서
아름다운 것들과
가슴 따뜻해지는 감동을 찾는 일
멀지 않은 작별과 소중한 사람들에 대한 경의
나를 위로하는 일과 남아 있는 겸허
모르고 지나쳤을 수많은 고마움들과
정결한 것들을 기억하고 사랑하는 일에 게으르지
말자는 생각을 한다.
할 수 있으면 단순, 소박하게 살고 싶다.

2021년 가을에 김 승 영

차 례

2부 봄날은 간다

3부 돌 한 점에 대한 연가

4부 물안개

5부 그날들

1부

겨울 강

새벽 기도

문득
어머니 생각이 나네

지난해 가을
충청도 어느 호숫가
밤새 울던 갈잎 소리 들려오네
그 밤은
너를 두고 쫓기듯 떠난 자리에
달은 곤두박질로 수면에 가라앉고
별도 시나브로
지고 있을 뿐이었네

생존의 벽을 마주해서
기도하고 싶네
어머니의 것
너의 것
나의 것
연민으로 애달픈 것
사랑함으로 슬픈 것
우리 모든 것들
평화로, 향기로

겨울새

몰락沒落하는 도시의 빈 밭에
일렁이는 분노憤怒를 묻고
입동立冬이 지난 겨울에 비가 내린다

생生을 조롱하는 너의 발톱은
겨울을 맞을 적마다 더
큰 소용돌이로 파고 들었다
번번히 도망질치며
절망絶望으로 숨막혀
탄식歎息하는 나의 기도는
찢어진 깃발처럼 공허空虛하게
하늘 끝에서 펄럭였고
내내 수면 부족으로
아침을 맞곤 하였다

놓여난 자가
서야 하는 겨울 빈 들에
겨울새가
빗속을 나는
오늘도
가시로 돋는
분노憤怒를 잘라 내야 한다

그것은 허상이었음을

발을 적시며 걷던
새벽 들판이
한때 푸르렀음을
기억해 냈을 때
바람은 사납게 불고 있었다

서걱이는 먼지를 뒤집어쓰고
신음하며 달리다 만난 강가에서
별빛이 부서지며
오열하는 소리를 듣고
강물로 녹아들고 싶은
슬픔을 감추었다

그것은 허상임을
아무도 말하지 않았는데
마른 풀잎과 바람은
낮은 소리로 말한다

한때 현란한 풀꽃이
피어 있었음을 기억해 냈을 때도
바람은
사납게 불었는데

내 가을은 다 어디로 갔나

내 가을은 어디에도 없다
어디에 있나 내 가을은

늘상 한구석 비워 두고
기다린 가을
위태롭게 매달려 여무는
뒤뜰 수세미처럼
가슴속 한자리
노여움으로 기다린
내 빈곤한 계절이여

기다림 속에서
내 가을은 얼마나
아름답게 애처롭던가
여름밤의 밀어처럼
하마
밤마다 가시로 돋아나
나를 깨우던 가을들은
다 어디로 가 버렸나

죽었던 그리움
살려 내리라
우수로 기다린 가을
가냘픈 연緣에 매달려
한구석 비워 놓고
기다린 가을
다 어디로 갔나

어디에 있나 내 가을들은

잔영殘影 1

내가 지금도 잠에서 깨어
다시 목이 메이는 것은
어머니가 이제 정말 떠나셔서가 아니라
내 안에 남아 계신 까닭이다
아직 버릴 수 없는
이승에서의 잔영이
아직 남아 있는 까닭이다
내가 놓지 못하는 것들과
어머니가 놓을 수 없는 것들이
허공에서 표류하며 너울대는
누구도 알 수 없는 춤이
끝나지 않은 까닭이다.

굿은 끝나지 않았다

여기 있는 혼과 저기 있는 혼이
마주해 손잡고 추는 춤이
달그림자 아래서
주술을 노래하며

눈처럼 하얀 옷자락을 끌고 있다

곡哭은 끝나지 않았다

지울 수 없는 환영들과
지워지지 않는 그림자들이
내 밤을 막막하게 하는
이유를 모르겠다
곡哭은 끝나야 한다

곡哭은 끝나지 않았다

-어머니 소상小祥에

잔영殘影 2

내가 아직도 시름에 겨운 것은
놓을 수 없는
실날 같은 인연의 끈 하나
내 안에 남아
잔영으로 자리해 있는 까닭이다

이제 지쳐 더 견디지 못하는
잔인한 내 미련을
버리지 못한 까닭이다
자고 나면 머리맡에 쌓이던
하얀 우수와
못다 한 넋이
함께 부르는 천상의 노래를
끝내지 못한 까닭이다

떠나지 못한 혼과 보낼 수 없는 혼이
불꽃으로 타는 소지燒紙 아래
잡은 손 놓을 수 없어
부르는 노래가

허공을 가르고 있다

원혼은 여전히 가슴을 쓸고
끝내 차갑던 기침 소리
오래 환청으로 들리는 밤
내 통한도 소지로 불사르고
노래도 끝나야 한다

이제 노래는 끝내야 한다

-2007. 8. 어머님 대상大祥에

*소지燒紙 : 신령 앞에서 비는 뜻으로 종이를 태워서 공중으로 올리는 일, 또는 그 종이.

울지 않게 하라

이 진창길에서
무엇을 찾고 있나

거기서 올린 건
탄식과 어둠뿐이다
소리쳐 무너져 내리던
눈물방울과
덧없이 바스러지던
병든 잎들뿐이다

이 겨울 바닷가에서
무얼 찾고 있나

거기서 건져낸 건
남루한 영혼과 타오르던 소망所望의
폭풍뿐이다
이 주점 탁자에서
무얼 찾고 있나
쉰 목소리로 부르던

넋의 노래뿐이다
처음으로 사랑을 배우는
사람의 애절함뿐이다

울지 않게 하라
다만
그리움에 울게 하라

포구는 죽었다

아직은 바다에
바람이 분다

어느 날엔가 이 포구에
어둠 깊은 날에

바다에 주검으로 떠서
너를 노래하지 못해도
새들은 부르리라
늘 떠돌던 것들
부르며 손짓하리라

언제쯤
이 갯벌에
파도가 넘치나
포구는 죽었다
남아 있는 건
우리 가슴 저린
술잔뿐이네

바다에 바람이 분다
언제인가 이 포구에 다시
미명의 어둠이 찰지라도

포구는 죽었다

비라도 내리렴

비정한 거리에 비라도 내리렴
유리창을 흐르는 빗방울이나 세어보게
보도를 때리는 빗소리나 듣게
언제던가 빗속에서 마시던
소주 생각이 나네
머리칼을 씻어 내린 빗물이
잔을 채우곤 했지

비라도 내리렴
웅크리고 누워
뒤척이며 나뭇잎 스치는
빗소리나 듣게
이 슬픈 밤에는 비라도 내리렴
아픔으로 생각는 어머니도
밤마다 쉴 곳이 없는 우울도
씻어버리게

비라도 내리렴

겨울강

아린 가슴
어쩌지 못해
뒤척이던 많은
밤

강가에 서면
수면에 흔들리던
겨울 달빛
떠돌던 꿈들은 언제나
파랗게
질려 있곤 하였지
이제 그 꿈은
전설이 되었다

내 서러운 그리움처럼
먼 날의 애달픈
전설이 되었다.

구십구년 가을 성묘

사십 년 날들이 어제처럼
지나갔다 해도
그때 그 구름
그 바람이 아닐지라도
그해 겨울은 끝도 없는
추락의 시작이었는데
매번 내 성묘는
추위에 시달렸으며
넝마로 남루했다네

아직 역사를 부여잡은
어머니 마른 어깨 위론
세월의 무게만큼
근심이 내려앉고 있었지

아까운 것들을 다 잃은 후에야
외할머니 손길이 그리웠듯이
다시 그만큼을 더 버린 후에야
내내 어머니가 그리울 날이

반드시 올 거라는
어무찬 마음으로
사십 년 세월이 찢기우는
묘지의 바람이라네

젖어 내리네

그와도 같이 우리 가슴
젖어 내리는 뜰에서
오랜 포옹을 한 채

아침을 맞는
석등石燈이고 싶네

젖어 내리네
하염없는 서러움도
사랑의 열기도
그저 이 밤엔
젖어 내릴 뿐이네

젖어 내리네
이와도 같이
그 모든 우리 것
젖어 내리는 뜰에서
늘 모자라는 우리 말들을 두고
새벽을 맞는
한 그루 동백이고 싶네

성묘省墓

얼마나 많은 세월인가
내 자리 찾아
헤매고
다시 헤매 돈 세월은

끝도 없는 미로迷路를 더듬어
부딪는 벽에 기대어
흘린 눈물이 남긴 얼룩이
지금은 무색無色의 환영幻影으로
숨죽인 밤인데 어둠에 묻혀
떠나는 죽은 세월은
이제는 돌아서
보내야 한다

그것들은 내 것이 아니었지
지난 시간의 한구석에
버려진 날개처럼
이제는 묘역墓域의 흙으로
보내야 한다

갈 곳이 없다는 것

아무리 생각을 해도
갈 곳이 없었지
빗속에 멈추어 서서
문득 어데고
갈 곳이 없다는 사실에
망연해졌었지

거리 한켠에서
주검으로 눕혀지고 싶었지
갈 곳 없는 봄밤을
눈물처럼
비가 내리고 있었지
달리는 차의 불빛들이
웃고 있었지

비 뿌리는 보도에
나를 팽개치고 싶었지
목마른 자者
배고픈 자者

마음이 가난한 자者
내게로 오라고 한 자者는 누구인가

왜 갈 곳을 준비하지 않았나
불빛은 영롱히 빛났으며
저문 거리에
그대로 갈 곳이 없었지

박제剝製의 눈빛으로

스스로 죽어가고 있었다
약탈과 파괴의 만가輓歌 속에서
만발한 살의의 독아毒牙로
서서히 침몰하고 있었다
영원한 목마름으로
빈곤하던 영혼이 마침내
어둠 속에서 비틀대고 있었다

사나운 짐승의 발톱에
심장을 찢기우며
벌거숭이로
숙연히 아끼던 생의 중간에서
부서져 조각나고 있었다
찬연한 아름다움으로 아끼던 생을 두고
스러지고 있었다

오랜 방황의 길에서
투명한 색깔로 피어나던 넋을 두고
스스로 죽어가고 있었다

패배의 잔 앞에서 무릎을 꿇고
스러져 가고 있었다
상실의 밤 그 허공 속에서
일렁이는 불꽃으로 타오르다
스스로 실명失明되고 있었다

밤이 와서 어둠이 내리면
오래 기도하던 것들
겨울 바다에 버리고 온 것들이
머리 위를 서성이며
울어댈 거다
소용돌이치며 짖어댈 거다
조기弔旗를 올려라
스스로
죽어가고 있었다
서먹하게 마주해온 세월이
조금씩 퇴색해 가고 있었다
탐색과 포격의 능선에서
수세로 엎데여 중얼대고 있었다
내가 나팔수였지

나팔이여
피에로의 목줄기를 타고
쉽게 울어라

스스로 죽어가며
애써 수신手信을 하고 있었다
박제剝製로 남아 있게 하라
한 개 물질로 남아 있게 하라

주어진 생 앞에서
한번도 웃을 수가 없었다
박제剝製의 눈은 하늘이다
하늘이게 하라
박제剝製의 눈빛으로 보게 하라

봄이 오는 들에서

저 혼자 사랑하다 지친
마른 풀잎
흔들리다 잠든 논길에
밤마다 바람 불고
오래 숨겨온 소망은
여전히 미로를 가고 있다

달빛은 내려와
어두운 들을 쓸고
너처럼
슬픈 하늘에 별 뜨고
숨죽여 누가 우는 밤
아직 남아 있는 오만을
나는 지켜야 한다

봄이 오는 들에서
버려야 하는 것들
아무 것도 버리지 못하고
돌아선 냇가에 물소리
졸. 졸. 졸.

바다는 늘 무엇이 그립다

갈매기 우는 바다
뱃고동 길게 울던 바다
어제 같은 이별도 없는 바다
이 바다는 이제 항구가 아니다

사팔뜨기 눈으로 보던 바다에
곱던 노을도 없는데
지금도 내가 바다이고 싶다
바다는 늘 저 혼자 외롭다
바다는 오늘도 무엇이 그립다
이 가을
아직도 저 혼자 쓸쓸하다

흐르는 세월 내 고독처럼
혼자서 세월을 간다
밤바다에 바람 불면
잠에서 깨어 춤을 춘다
무엇이고 싶던 것들
천길 바닥에 숨겨두고

떠올라 춤을 춘다

주검으로 바다에 떠서
내가 바다이고 싶다

이 가을 바다는 적막하다
아득한 내 소망의 빈들처럼
바다는 늘 무엇이 그립다.

염부두 1

범람한다
넘치고 또 넘치고
꿈도 절망도
함께 넘치던 염부두
그러다 아무도 모르는 사이
다시
메마른 가슴을
드러내던 갯벌

달빛도 덩달아 넘치다 스러지면
어두운 그늘
오래 묵은
이제 화장火葬이라도 해야 할
소금창고 한구석
나는 다시 넘치고

겨울 내내 마른 풀잎
가녀린 뿌리 송두리

저 아래 어쩌면 있을지 모를
물길 찾아 조급한 밤
봄이 그렇게 여물어
한 송이씩 꽃을 피워도
이 봄 내내
다시 서럽고

*오래전 인천 화수동 작고 허름한 부두 〈염부두〉에 수많은 소금배가 드나들었고 스무 살 그해 겨울 내내 소금 더미 아래서 나를 죽이고 있었다.

염부두 2

살아남으려는
사내들의 절박한 욕망은
천구백육십일 년 겨울의 혹한을
달아 올리고

육지를 잇는 긴 송판은
소금가마를 나르는
벅찬 노역의 무게를
견디지 못해 출렁이며
비명을 질러 대곤 하였지

가대기꾼 등을 흐르는 땀방울은
고단한 욕구로 끓어올라
분처럼 고운 소금으로 달라붙고

부두에 노을 지면
하루를 견뎌낸 등판도
숨겨둔 작은 꿈도
한 사발 가득한 막걸리에

붉게 물들어 타오르고
바다는 여전히 넘치고

*가대기 : 창고나 부두 따위에서 인부들이 짐을 갈고리로 찍어 당겨서 어깨에 메고 나르는 일. 해 지고 일 끝나면 근처에 즐비하던 주막에 그들의 고단함이 취기로 달아올라 고함과 싸움이 난무하곤 했다.

염부두 3

갯바람에 실려 오는
바다 내음도 없던
곰삭은 부두

부두를 덮은 소금 냄새와
짐꾼들이 뿜어내는
숨찬 고함 소리
흐르다 얼어버린 하수구
피부 속까지 배어드는
생선 비린내

그런 것들도 내게는
낭만이라고 우기던 부두
허기진 꿈들이
파도 되어 공허로
밀려오고 밀려가고
어느 순간 길을 잃었던
오늘은 아무래도
그 부두엘 가봐야겠다

2부

봄날은 간다

유월의 바다

바다엔
그리움이
새로운 모습으로
끝도 없이 몸을 떨며
반짝이고 있었고
사랑은 언제나 아픈 거라고
바다를 지나는 바람은
아득한 어느 날의
동화를 말하고 있었다

어제의 행복은 어디에 숨어서
오늘 다시 쓸쓸한가

바다는
어둔 그리움이
우울을 감추고 있었고
바람은 여전히
먼 날의 메마른
사랑을 말하고 있었다

울게 되리라

바다 한가운데서
시체로 떠 있고 싶다
그때는 서럽지 않으리라
서툴게 이어온 생존
그때는 아주 편안하리라

달리고 싶던 빈 들도
타오르던 우리 사랑도
수면을 지나는 바람처럼
물속에 잠기리라
홀로 속 상해하던 벌레의 몸짓도
별처럼 빛나는 영혼에
한恨을 쏟아붓고
끝없는 나락으로 무너져 내리던 너도
지금은 날아가 버린 물새처럼
사라지리라

어느 날의 바다 한가운데서
시체로 떠서 출렁이다 만나는

바람과 하늘은
오열을 감춘 나를 안아 주리라
때로 타는 노을을 안고
붉게 물들어
꽃처럼 예쁘게 피어나는
나를 웃어 주리라

남루한 그늘만 남기고 쫓겨온 생존
노래하리라
바다를 떠돌며 바다가 되어
크게 노래하리라
바람 세찬 밤엔 파도 되어
외쳐 대리라
너를 울게 하던 것들
나를 아프게 하던 것들
무참한 것들에게
큰 소리로 덤벼들리라
소리치며 토해내리라

언제나 떨며 가엾던 우리

그때는 아주 편안하리라
쏟아지는 달빛을 안고
웃을 수 있으리라

고요의 바다에서
스쳐가는 고기비늘이
별빛 아래 반짝이는 날
울게 되리라
그 모든 우리 것
아무래도
다시 울게 되리라

낮술을 마신 날은

언제던가 술 한잔 남기고 온
주점으로 이차를 하러 가고 싶어진다
두고 온 것들
만나러 가고 싶어진다

낮술을 마신 날은
너를 데불고
지옥에 가고 싶어진다
죽은 자의 영혼과
살아 있는 자의 고통이
함께 끓어오르는
연옥의 문턱에서
숨막혀 쓰러지고 싶어진다

나 혼자 타오르다
나 혼자 스러지는
불꽃으로 일렁이며
끝도 없이 달리고 싶어진다

소래다리

달이 내려앉는다
갯벌에 달빛은
늘 포근하다
어린 날에 포구는
언제나 설레었지

오늘은 딸아이 손을 잡고
다릴 건너고 싶다
외할머니 품 같던
갯벌에서
뒹굴고 싶어진다
미끄러져 넘어지며
온통 몸을 적시며
달리고도 싶어진다

피난길에
다리 아래 보이던
갯벌
산모퉁이 돌며

수없이 돌아보았지

오늘도 다리 아래 갯벌에
달이 내려앉는다
곱게 곱게

다시 겨울 바다에

유리창엔
여전히 서리꽃 만발인데
시냇가 나뭇가지마다
물오르는 소리 들리고
맑은 햇살 눈부신 들에
꽃향기 지천이라고
이제 봄이 와서
봄비 내리듯
기다리던 그가 온다고
마중 가자 보채는
이제 넝마되어 버린 그리움 달래려
다시 그가 떠난 바다에 섰다.

내 바다는 아직 겨울이다.

꽃 피고 잔설 녹아 바위틈을 흐르는
물소리 그리움으로 들리는
봄이
파도로 천만 겹 와도
오랜 그리움
이 바다에 이제 올 사람은 없다.

모르겠다

세월은 회한의 그늘 아래
돌고 또 돌고
이 순간을 지나는
연약한 우리 삶

아스라한 심연 속에서도
겁劫은 찰라를 포식하고 있다

어느 때
꿈을 심을 적이 있었지
지금은 먼 과거에서
존재할 뿐이다

나는 아직 모르겠다
주어진 시간만은
꼭히 살아야 한다는 걸

의무의 장場으로라도
맡겨진 시간만은

살아 있어야 한다는 것도

그리고
이 진창에 발을 빠뜨리고
끝도 없이
떨고 있어야 하는
이유도
나는 아직 모르겠다

실존

역 광장에 바람 부는 날
줍다 남은 허상들은 아직도
스산한 얼굴인 채로 구르고 있다

가지에 걸린 잎이 흔들린다
실존하는 것만 인정하자

지난날의 말들은 어느
골목 전주 아래서 배설을 하고 있나

한세상 살다 가는 게 아닌가
자네
"얼마를 더 살 수 있을까 우리"

아직 바람이 분다
다만 실존하는 것만 인정하자

한마음 닫고 잊어버리자고
낙엽 줍던 밤들.

자네
"한오백년 살려나"
오늘은 나를 마시듯 이 홀로를
마시며 웃는 밤이다

다만
남루한 뒷모습만 인정하자

봄날은 간다

내 방황을 혹시 누가
알까 숨기며
봄날은 간다

연분홍 치마가 봄바람에
휘날리던 아련한 날에도
봄날은 여전히 갔지
새 봄엔 버려야지
바램 속에서도
언제나 봄날은 그렇게 갔다

바람 불어 낙화로 날리는
꽃잎처럼 봄날은 간다

저리게 가슴을 덮는 달그림자
이 봄엔 버려야지
새로운 한 그루 나무를 심어야지

우리 다시 사랑할 수 있을는지
모를
봄날은 그렇게 간다

상처

무엇을 줄 수 있나
검은 보자기로 복면을 하라
지하 일천 미터의 우울
안개를 주워 담자

무엇을 줄 수 있나
미로迷路를 헤매다 길이 막힌
한 마리 속상한
벌레의 몸짓으로 말하라
아직 존재하는 건 무언가

고향마을 어귀에 피어나던
노오란 배추꽃

기억으로만
잠깐 남아 있게 하라

무엇을 줄 수 있나
승녀의 옷자락으로 눈을 닦아라

무모無謀를 비웃자
한 번도 저 꽃은
향기를 주지 못했다

산 울음을 누가 들었나
잡지 않게 하라
놓쳐버린 풍선이게 하라
전설처럼 빛바랜

꿈을 꾸게 하라
말하지 않게 하라

소멸의 한밤에

지금은 머언 꽃내음 스며드는
정결한 눈물은 감추고
보내는 고요의 밤이란다
산사山寺 승방僧房에서
묵墨을 갈며
그 무량한 아픔은 감추고
보내는 너의 밤이란다

소망의 언덕을 오르며 자주
눈물짓던 네게 지금은 손을 흔들어
구름 사이로 내비치는 달빛 만큼만
웃어야 하는 밤이란다

안개 속을 신음하던
영혼의 헤매임은
그 언제던가로 감추며
보내는 허망의 밤이란다

밤을 사위어 묵墨을 갈며
어디에서 들려오는
이별의 인사를 피해
기旗를 내려야 하는
소멸의 한밤이란다

어디쯤인가

네가 울다 돌아선
거리에서
숨차게 질주해 오던
한 마리 사슴을 만난 곳은
어디쯤인가

찢긴 가슴으로 쫓기며
몸부림으로 외쳐대던
차가운 별을 만난 곳은
어디쯤인가

아까운 한해 겨울을 다 보내고
만난 바닷가에서
다시 겹치는 노여움에
영혼을 울게 하던 곳은
어디쯤인가

마음 빈터에
한 그루 나무를 심을 곳은
어디쯤인가

해인사 오르는 길

나에게도 어느 때
봄이 있었던가

눈 녹는 산사山寺엔 내가
겨울바람인 채
흔들리고 있었다

어느 때
봄이 있었던가
우수의 눈물이 온통
들과 산을 적실 때 너는
머언 구름 사이를
상처난 겨울새 되어
힘겹게 날며 울고 있었다

새하얀 마음으로 숨죽인
너를 데불고 오르는 산길
우주 공간 훠이 훠이
너를 안고 날고 싶은

아린 소망 끝에서
흙바람이 분다

하늘 가까이 다가든 자리에
가고 없는 자者
남아 있는 자者
석탑石塔 그늘 아래
허망한 인간의 불심佛心과
무량한 어둠의 사랑을
너는 이야기한다

언듯
천 년을 미동도 없는
부처 아래
떠도는 혼魂을 본다
이승과 저승 사이
그저 길손일 뿐
산다는 건
잠깐 머물다 가는 것
순간으로 살다가는 우리

노을을 지고 떠나는 산길에
마음 빈자리
우주로도 채울 수 없이
더 큰 슬픔이 있음을
겨울새는 날며 소리쳐
말하고 있었다

봄비 내리는 밤

돌아서지 못하고
주춤대는 겨울을
보내려는 몸짓으로
삼월의 비는
긴 강 물길을 지나 내리고
돌아가는 길 잃어
빈 하늘에서 미아가 된
미련한 내 그리움
자리걷이 굿으로라도
이제 보내야겠다
매양 돌아서기가 더 어렵던
살이
곡哭으로 취기 오르고
무당굿 아득한 징소리
봄비에 노여운 밤
겨울 끝자락에 묶어
함께 보내야겠다

회한悔恨으로 남아
결석처럼 완고한 고통으로
자랄지라도

객客인 것을

내가 너에게 객客이듯
너도 나에게 객客이다
생존한다는 게
허망한 것처럼
너도 나도 객客인 거야

잠시 쉬었다 가는
여행지의 숙박으로
몸을 누이고
밤을 마시는 객客인 거야

내가 나 자신에게 객客이란 걸
알려 주기가 어려웠듯
네가 나에게 객客이란 걸
내가 아는 게 쉽지 않았지

생을 손님처럼
주춤대고 살아온 객客인 거야

뜬 구름인 거야
낯선 방 첫밤을 뒤척이며
백팔 번뇌 중 몇 번째인가
밤을 마신다

우리 모두 들꽃인데

그날이 오면
소리 없이 이름도 없이
지고 말아야 하는
지금도
쉬임없이 흔들리는 들꽃인데

비 내리는 한밤에도
들꽃은 지고
낮달이 구름을 지나는
그날에도 들꽃은 지고
얼마를 더 용서하고
다하지 못한 한恨을
말해야 하나
놓친 소망의 바다에서
덧없는 미소를 뿌리던
너에게
아픔까지도 아끼며
무엇을 줄 수 있나

그날이 오면
한 잎 허망의 꽃으로
스러져야 하는
우리 모두 들꽃인데

낙엽

영혼의 한켠에서
낙엽이 진다네
황폐한 대지엔
아직
노을빛 고운데

가을은 빠르게 도망질
치고 있다네
내가 이제껏 잡고 있는 건
다만
허상이라네

누가 말했지
낙엽 주우러 가고 싶다고
나는 꿈속에서
밤마다
바구니에 낙엽을 주워 담았지
오래전
허무를 호주머니에

가득 채우고도 모자라
아직
큰 주머니를 지닌 채.

이 가을 꿈마다
낙엽을
가득히 채운다네

잠깐만 쉬었다 가세

쉬임 없이 흘러온 날들
이 겨울 산길에
언듯 할퀴며 지나는 소리
지나간 세월의 마당에
낙엽처럼 깔린 회한

잠깐만 쉬었다 가세
틈틈이 눈물은 반짝이고
타다만 불꽃의 잿더미엔
죽순처럼 한이 자라는데
이것도 저것도 잠시 덮어두고
잠깐만 쉬었다 가세

눈뜨면 고갯마루
감았다 다시 떠도 고갯마루
무아의 징검다리 쯤에서
잠깐만 쉬었다 가세

버린다는 건
자유며 평화라네
잠깐만 쉬었다 가세

밤

시간의 공포는 잊어야 한다

저문 계절 보도에
낙엽이 깔리고
사위어가는 한 연대年代에
가는 것들
남아있는 것들
다시 소생하는 것들
그 안에 감춰진 것들

이 가을
상념의 끝에
밟히는 낙엽
시간의 공포는 잊어야 한다

소멸해 가며 새벽을 여는
인간의 소리
잊어버리고 싶은 밤이 있다.

그리고 오십 년

허무를 줍던 어린 날
아직은
허무를 모르던 어린 날

그저 열심히
허무를 줍고 있었다
호주머니에
허무를 채우고
혼자 슬퍼서
텅 빈 교실에 남아
목이 메었다
그리고 오십 년
지금도
열심히 허무를 줍고 있다
채워도 채워도 모자라는
큰 주머니를 달고

국화

허리를 잘린 채
수반에 꽂혀
시드는 너
크게 울어나 보렴

3부

돌 한 점에 대한 연가

가을 소리

힘겹게 가을을 지나는 영겁永劫의 한밤에
소리쳐 말하는 시냇물 소리를 아는가

불모不毛의 땅에서 한 포기 난蘭을 키우는
영원永遠한 무모와 한잔 술을 따르며
생각하는 오늘의 그늘을 아는가

바람에 흔들리며 밤새하여도 모자라는
갈잎의 목쉰 소리를 아는가
섧게 외치며 울어대는 그 소리들을 아는가

이 가을의 초상

잃어버린 가을이
흔적으로 남은 자리에
고추잠자리가 그려 놓은
수채화 한점 거기 있었네

〈이 가을은
저토록
우아했어라〉

침몰하는 너절한
추억 하나와
자투리 노여움을
마른 가슴 서걱이며
갈잎은 오래토록
노래하고
하냥 숨죽인 그리움은
아직 눈부신 환상을
꿈꾸고 있다지

산자락 어디쯤
바람에 가려진 가을이
혹시 수면에 비쳐질까
찾은 바다에
노을만 타고 있었네

낙엽 하나

내 가을을
혹시
만날까
오른 산길에
바위에 내려앉은
잎 하나
만나고
그게 다였네

온통 가을을
모두 껴안고
붉어진
여인 하나
만나고
그게 다였네

내 가을은
그렇게
가고 있었네

가을에 비 내리면

가을에 비 내리면
무더기로 꽃 진다는 걸
저 비는 모를 거야
들을 쓸고 지나는
바람은 알까

세상 꽃 다 진대도
모른 체 하렴
차마
안다고야

혼자만 모른 체
내리렴
바람 불고 비 내리면
지는 게 꽃뿐이랴

세상 꽃 다 진대도
혼자만 모른 체

낙엽은 없을지라도

황폐한 영혼을
낙엽이라고 어쩌겠어
갈등의
그 길에도
낙엽은 있었지

저 만치 가 있는
가을이
나를 웃네

누가
낙엽을 주우러 가고 싶다고 했지
이제
낙엽은 없다
마른 잎이 있을 뿐이다

가을은 미련도 없이
돌아서 간다
다 버리며
고통의 언저리에서
상처를 안고
내 영혼은
아직 주춤대고 있는데

낙엽은 없을지라도

아까웠지요

사잇길
별빛도 아까웠지요

서걱이며 마른 잎을
지나는 작은 바람도
소중한 기억만큼
저리게 아까웠지요

겨울밤 달그림자
서릿빛으로 내리는
산길을 걸으며

아무리 생각을 하여도
내 그리움
다시 아까웠지요

한번도 보여주지 못한
내 눈빛만큼 아까웠지요.

돌 한 점에 대한 연가戀歌

어제도 밤새
강물은 울고 있었다
내 바랜 세월처럼
긴 세월
안아 다듬어온 돌 하나

정들여 한세상
살아 보려던 돌 하나
돌려다오

봄비 내리는 어둔 밤 창가에
밤새 두드려 우는 소리
겨운 정이 깊어
돌려주지 못한단다
밤새워 달래고 있었다

아픔에게

늦가을 내내 울던 갈잎
별도 숨어버린 겨울밤
다시 우는 건
함께 울어줄 누이 같은
강바람이 있기 때문이야
그리움이 쌓여
눈물이 된다는 걸 알면서
사랑을 하는 건
그게 아픔이기도 하다는 걸
일러줄 님이 있어서야

어둔 밤
겨운 마음 숨겨 무엇을 기다리며
사랑하는 일에
행복하기만을 바라지 말아야지
갈대 저 혼자 우는 게 아니라면
내게 눈물을 배워줄 님이 있음이니
별을 저토록
빛나게 하는 밤에게 감사해야지

절망의 아픔까지도
벅찬 그리움인 것임을.

어느 봄날

낙화로 누운 꽃잎
한 움큼씩
밤하늘 향해 뿌리던
창백한 손가락 사이로
다시
그만큼의 노여움
별빛 되어 쏟아져 내리는
서러운 소망을 보았네

지울 수 없는
갈등은 상처로 남아
여전히 잔혹한 봄날은 가고
바람 없이도
꽃잎 지던 걸
이제 알겠네

오래인 염원으로
기다린 봄날이 아까워
차마 돌아서지 못해

타는 가슴을 저 꽃은 알까
낙화로 누운 꽃잎
허공 향해 뿌리는 설움을
지나는 바람은 알까

월미도

내 사랑이 그 바다에 있었네
내내 꿈속에 웅크리고 숨었던
겨울 바다
밤마다
설움을 내려놓고 떠나던
상실의 바다

바다에 오면
왜 매번 취하고 싶었을까
견뎌내기 어렵던
좌절의 바다

오늘은 기쁨의 섬으로 떠서
낙조로
저 먼저 설레고 있었네
바람도 덩달아 술렁이고 있었지
아무에게도 들키고 싶지 않은
내 사랑이 그 바다에 있었네
수줍은 한 사내
타는 노을이었네.

박꽃

묻노니 그대여
나는 몽상가인가

그리움의 상처
생애 한번쯤
공허한 사랑에
모든 걸 던질 때가 있지요

삭막한 세상은
아프지만
사랑은 젖어 있으니
묻노니 그대여
생애 한번쯤
박꽃 같은 사랑을
해도 되는 게 아닌지요

나를 보았네

어둠이 무겁게 내려앉는
겨울날의 저녁 무렵
문득
나를 그리워하는
나를 보았네

너를 향해
무더기로 떼 지어 가는
내 그리움과
내게 남은 한 잎 그리움에게
적막으로 주저앉아
생애 한번
귀한 사랑에 영혼을 담그고
물었네
"감추어진 열망의 그늘을
  너는 알까"

어찌할 수 없는 사랑에
목 메이는 내가 그리워
내 그리움에게도
물었네
"아득한 기다림을 아는지"

소녀의 봄

봄은 숨어서 오더라
들녘 아지랑이
피어오르는 어느 날의
아득한 그리움으로
그렇게 오더라

봄은 숨어서 오더라
새벽 햇살 향해
물안개 안겨들던 날의
적막한 우수로
그렇게 오더라

수줍은 댕기머리 소녀의
여린 기다림으로
하냥 안타까이 오더라

깊고 추운 겨울잠에서
긴 꿈에 빠진 어느 밤에도
봄은 그렇게

아픈 날의 추억처럼
숨어서 오더라

새해 인사는 이렇게 하자

마음 모두어 사랑하고
마음 모두어 안고 살자

때로
섭섭했거나
한번쯤 아쉬웠을
우리 가난한 가슴들
아침이면
어김없이 떠오르는 태양처럼
따뜻하게
마음 보듬고 살자

아름다운 세상이 아닌가
꽃피고 새들 노래하고
사랑이 있고
무엇보다 귀한
우리 삶이 있지 않은가

마음 모두어 사랑하고
마음 모두어 안고 살자

이밤은

눈물의 보석을 주워 담으며
밤새 물소리에 젖어 울던
산사山寺의 밤처럼이나 노여운
꿈을 꾸는 밤이어야 한다

소리쳐 달려갈 빈들도
지금은 없는 도시의 골목에
별도 숨죽여
내내 서럽던 건
지나간 전설로 묻어 버리는
망각의 밤이어야 한다

여름날 바다에서
참을 수 없는 모멸로
구토를 하고 싶었고
아무도 그것을 모르고 있었지
이 밤은 다시 차오르는
구토를 참아내는 밤이다

유혹

바다는 늘 나를 안고 싶어한다
바다는 지금도 나를 안고 싶어한다
어린 날의 마을 앞 바다는
내내 나를 부르고 있었다

나는 바다가 무섭다
바다는 나를 두려움에 떨게 한다
검푸르게 출렁이며 말한다
어서와 어서와
성난 짐승의 부르짖음으로
끊임없이 나를 부르고 있었다

지난 밤 꿈속에서 처음으로
내가 바다를 안고 있었다
가슴 가득히 바다를 안고
춤을 추고 있었다

나도 사실은
늘
바다를 안고 싶어했지

아직 늦지 않았을까

사랑을 해도 될까
들꽃 내음 잔에 차는 이 가을
저 꽃을 다 말할 시간이 정말 있을까

징검다리 저편 들녘에 가득한
억새풀이 흔들리는 걸 함께 볼 수 있을까
사랑을 할 시간이 있을까
풀은 바람이 그리워 그날도 오래 울었는데

손잡고 달리고 싶던 들에
수줍게 홀로 핀 꽃향을
나눌 수 있을까
사랑을 해도 될까
대부도의 낭만은 지금 뚝 아래
묻혀 보이지도 않는다
갯벌에 나를 버리고 온 날도
바람은 여전히 불었으며
나는 여전히 웃고 있었는데

사월의 유혹

달빛 머금은 목련
함초롬히 고운 밤에는
우리도 함께 꽃이 되자

눈부신 사월의 봄날
산자락에 진달래
지천으로 타오르고
화사하게 피어오르는
명자꽃 농염한 유혹으로
속살 드러내는 수줍은 날이면
우리도 함께 꽃이 되자

꽃잎에 내려앉은 이슬
별빛으로 영롱한 새벽에는
우리도 함께 꽃이 되자
사월의 봄날
난분분 꽃잎 떨어져
환장하게 서러운 날이면
님아 우리도 함께

꽃잎 되어
바람으로 하늘을 날자

4부

물안개

귀로

돌아가는 길은
언제나 모자라는 거야
못다 한 게 많은
부족한 마음인 거야
빈 마음인 거야

광복동 골목 주점
태종대 돌 틈새에
두고 온 것들
버리고 온 것들

돌아가는 거야
이렇게
두고 가는 거야
거기에 남아 있는 것들
아까운 것들
잊어야 하는 거야

해를 너에게

수평선에 거미줄이 걸려 있다
저걸 잡고 바다를 넘자
바다를 후딱 넘어 수평선에서 줄타길 하자
곡예사 되어 나팔 불고 춤추고
때론 탈춤도 한마당 신명나게 추고
탈 안에서 흘리는 눈물은 그대로 두기로 하자
눈빛만 보여 주고

바다는 노을을 끼고 누웠다
떠오르지도 못하고
가라앉지도 못하는 해는
일 년 내내 그러고 있을 뿐이다
탈을 쓰고 저 해를 훔쳐 오자
노을을 벗겨 버린 알몸의 해를 가져다
너에게 안겨 주자
탈을 쓴 채로 눈만 들키고

*그의 화실엔 노을 그림이 일 년 내내 먼지를 뒤집어 쓴 채 걸려 있었다.

누나

어둔 골목에
누나 눈썹 같은 고운 달이
혼자 외로웠지요

강산에 꽃 피고 꽃 지는 걸
잊은 채 산다 해도
아버님 자리에 비 오고 바람 불듯
매형 누운 자리에도 꽃 피고 지고
다하지 못한 것들이
가슴에 남아 맴을 돕니다

오늘도 골목에 달뜨고
이승과 저승 사이
그저 바람입니다

쓸쓸한 이월에

헤어짐을 말하는
너를 마주한 자리는
슬픈 이별의 곡曲처럼
쓸쓸한 겨울이 된다

가슴 속에서만
일렁이던 파도 소리도
내리던 빗방울도
산처럼 쏟아지던 눈보라도
숨겨온 불꽃도
빙산의 차가운 능선에서
가쁘게 숨죽이고 있음을
모를 리 없음에
이별을 말하는 가엾음이
하늘로 다가와 가슴에 찬다

소망의 깃발 아래
한 마리 슬픈 벌레의
몸짓이던 내 그림자

버려두어라
재로 스러지던
영원한 아름다움으로 남던
버려두게 하라

이 쓸쓸한 이월에는

밤으로

밤이 내려앉는다
도시의 거리에
적막한 그림자로 밤이 내리면
나는 다시 나그네 된다

솔잎 스치는 소리
물 소리
풍경 소리
마른 풀잎 서걱이는 소리에
긴 여행지의 숙박으로
마음 젖는 밤

밤이 아까운 나그네는
밤마다 유랑민 되어
길을 간다

동숙同宿없이
홀로 지키는 밤 안에서
서툰 생존을
밤으로 가고 있다

다시 나그네 되어
길을 뜨는 밤이다

봄은 그렇게 오더라

봄은 숨어서 오더라

들녘에 아지랑이
피어오르는 어느 날의
아득한 그리움으로
그렇게 오더라

봄은 숨어서 오더라
새벽 햇살을 향해
물안개 안겨들던 그날의
적막한 우수로
그렇게 오더라

수줍은 댕기머리 소녀의
여린 기다림으로
하냥 안타까이 오더라

깊고 추운 겨울잠에서
긴 꿈에 빠진 어느 밤에도
봄은 그렇게
아픈 날의 추억처럼
숨어서 오더라

바람 그리고 비

흘러가 이제 자취도 없는
빛바랜 그림자를 안고
말라버린 그리움에 가라앉아
오래 잠든 내게
그는 바람으로 와서
나를 깨우고 있었다.

흐르는 세월처럼
그렇게 사랑은 가고
지하 천 미터쯤의 어둠 속에서
갈증으로 타고 있을 때
그는 봄비처럼 그렇게 와서
나를 깨우고 있었지.

바다의 노을
끝자락을 놓을 수 없어
조각나 소멸해 가던 가슴에
폴롯의 선율로
그렇게 내게로 와서

나를 깨우고 있었다.

비는 가슴을 적시며 내리고
바람은 내 잠을 흔들고 있었지
이제 깨어 일어나
그가 연주하는 뜨거운 음색으로
춤을 추어야겠다.
노래도 불러야겠다.

신神의 노래

한겨울 갈대숲에 누워
망연한 마음으로 신神이 부르는
노래를 듣고 있었다

암울의 늪에 몸을 숨기고
떠오르는 달 그림자에 가려
보이지 않는 너를 생각했다

신神이 부르는 노래는
황폐한 내 영혼이다가
고향마을 무덤이다가
마른 풀잎이다가
결국은 아무 것도 잡지 못하고
떠오르다
문득
보이지 않게 될 거라는
내 포기이다가

한겨울 갈대숲에
가엾은 사내가 얼굴을 묻고
긴긴 밤을
채울 길 없는 빈 잔 안고 누운 걸
신神은 노래하고 있었다

오월의 유명산

아까운 봄 다 보내고 오른
오월의 그 산은
온통 푸르렀지

날마다 수북히 쌓이던
갈색 내 영혼이
오월의 그 산에서
파랗게 물들었네
처음 보는 듯
파란 산에 깊히 묻혀
심장도 물들었네

오래 기다린 산천이
내 방까지 따라와
파란 물을 들여 놓았다네
이제 밤마다
파란 강을 안고 누워야겠다
파란 숲에 안겨 잠들어야겠다.

저무는 한 해를

한 해가 저무네
가는 거 오는 거
그런 게 생애인 것처럼
이 도시에
한 해가 저무네

우리 우정을 그대로
우리 사랑을 그대로
우리 기쁨을 그대로 가져가서
더 풍요롭게 하세
오는 해를
그렇게 맞이하세

한 해가 저무네
아픔도 서러움도
그대로 남긴 채
한 해가 저무네

그대 숨결

도둑질하듯 그대를 훔쳐와서
그대 숨결이 그려 놓은
정물靜物을 보고 있었다

어둠 속에서
학鶴의 깃털로
커다란 날개를 꿰고 있는
그대 꿈속엔
비 개인 하늘 위로
이미 내가 비상飛翔하며
노래하고 있었지

밤새 세차게 일렁이는
파도 소리에 뒤척이던
바닷가 그 밤처럼
그대 가슴은 언제나
두근대고 있었다

삶에 대하여
헤매이는 우리 생존에 대하여
숨죽여 부르는 노래 소리에
무너질 수 없는 우리
소망은
아직 오랜 학鶴춤을 추고 있다

물안개

강
푸른 수면에서
네 그림자를 보았다면
그건 참
고운 그림으로 출렁일 거야

물안개는
아주 깊숙이 너를 안고
노랠 부를 거야
아
덧없는 노래를 그토록
아름답게 부르고 있을 거야

어느덧
물안개
걷힐지라도
나는 혼자 남아
더욱 덧없는 노래를 부르리라

물안개는 왜 이리 서러운가

기다림

기다렸다

기다림으로
끝날 걸 아는
내
기다림은 더
기다리지 않겠단다

말해 줬다.

…그래
…기다리지 마.

이제
내 기다림은
편할까

겨울 연가

저 웅크린 겨울 산에
나를 묻고 싶다

내 가녀린 영혼을 여위게 하던
창백한 너를 두고 가는 날은
산처럼 무거운 가슴을
하늘에 토해 내리라

마른 가지에 언 눈
녹아내리는 어느 봄날에
너는 소생하여라
쌓인 눈이
내 서러운 눈물처럼
녹아내리는 어느 날엔가
너는 새 잎으로 돋아나라

겨울 산에 묻혀
네가 사랑이라고 말한 것과
네가 아픔이라고 말한 것과

내가 눈물이라고 말한 것과
내가 다시 절망이라고 한 것들이
어느 숲속에서 잡초로 자라
바람에 흔들리는지
먼 날까지 가슴 저리게 보리라

아지랑이 들녘에 피어오르는
햇살 속에서
너는 새초롬히 반짝이어라
너의 고운 손으로 장식해 준
꽃상여에 누워
이제사 가슴에 찬 평화를 안고
겨울 산에 묻히고 싶다
멍들고 찢기며 내달리던
슬픈 눈망울에서
한 목숨 홀로 베어내던
고통이던 걸 잊기 위해
다시 오열하리라

공허의 겨울 산에 묻히고 싶다

먼 옛날 아득한 날에
우리가 나눈 빛 더미에서
이슬처럼 떨어져 내리던
꿈의 조각들은
순백의 염원으로 망연한 마음을 묻고
어느 전설처럼
긴 세월을 한으로 노래하리라

버들꽃 달빛에 젖는 어느 봄밤에
너는
옥피리 불며 춤을 추어라

찢어진 깃발을 생존처럼 펄럭이며
가슴 언저리 아프게 꽂히는
빗줄기 속을 잡은 손이 시리던
그 자리에도
언 눈은 쌓였을 텐데
너의 기도를 부여잡고

찬 겨울 산에 묻히고 싶다
빈 잔처럼 공허한 후회를

쓴 풀잎처럼 씹으며 자주 나를 죽이곤 했지
화사한 어느 봄날에 너는
깊은 수령을 기어 나와
자줏빛 새옷을 갈아입고
봄나들이를 하여라

헛된 염원의 노래는
언제나 고뇌의 곡으로 떨렸으며
침전하며 소멸하였지
어둠 속에서 더듬어 찾아낸 것들은
아직 나의 밤을 불면으로
시달리게 한다.
차갑게 바람이 분다
짐스런 목숨을
웅크린 겨울 산에 묻고 싶다

언 눈 녹아내리는 어느 봄날에
너는 고운 꽃으로 다시 피어나
바람을 노래하여라
산을 노래하여라

겨울바람 속에서

끝없는 소망의 언덕에서
미처 가을의 스산한 사랑도
울지 못하고
겨울바람이 분다
영혼이 뒹굴다 돌아선
어느 길목에서도
눈물겨워라
달은 겨울 하늘에 떠서
차게 떨고 있다

생의 한가운데서
저리게 기도하던 것들을
무참히 팽개치려는 절망의 색깔로
달빛은 내리고
그것은 어느 때
신화 속에서
찬연히 빛났었나

차마 詩 한편 읽지 못하고
두렵게 떨며 홀로 지켜온
세월은 그대로 사위어 가는데
겨울바람 속에서
아직
서러움의 무게만큼
연민의 불꽃으로 타오르리라
그 정결한 바람 속에서
노래하리라

5부

그날들

1

노을을 안고 누운
바다엔
그리움만 가득했네

아무도 모르는 고운 사랑을
바다 저 혼자
안고 있었네

내가
바다이고 싶었네
노을로 너를 안고
울어도 좋을 차라리
내가
바다이고 싶었네

3

어느 날엔가
너는
내 가슴에서
파란 산이 되었다
어느 날엔가
너는
내 가슴에서
파란 바다가 되어 있었다

그 산에서
파랗게 물들어
행복했고
그 바다에서
파랗게 물들어
서러웠다

8

내 작은 영혼
쉴 곳은 어디인가

언젠가 본
네 깊은 눈에
모진 내 고뇌를
잠재우고 싶었지

별이 가득 뿌려진
깊은 눈에서
나는
다시 고독한 순례자의
그림자를 보았네

내 모습이었네

11

우리가 마지막 본 바다는
매몰차게 노을을
삼키고 있었다

금세 먹어 치우곤
시침을 떼고 있었지
우리 노을은 어디로 갔나

잃어버린 노을을 찾아
나서야겠다

내 가슴 빈 들에
노을을 가득 채우고
돌아오리라
가득 채우고
돌아가리라

12

달을 한가슴
안고 가는
구름에게 물었지

산을 송두리째
안고
저 혼자 파란
물에게도 물었단다

한 번쯤이라도
겨운 사랑을
해
본 적이 있는지.

47

기다림에 지쳐
여린 그리움
힘들어 할 땐
바다 기슭이라도
걸어 보자

한잔 술에 슬며시
서러움 밀려오면
물수제비라도 뜨며
눈물을 참아내자

한잔 더 하고 보는
바다에 어둠 오면
노을이라도 고울 테니

49

이웃집 꽃밭에
예쁘게 핀
빨간 봉숭아
아이처럼 수줍다

봉숭아꽃 전설로
옷고름 물고 돌아선
소녀의 아린 가슴에
숨긴 아픔은
나도 함께 쓸쓸하다

별도 없는 이 밤
어린 날
누이의 봉숭아 보다
더 붉게
그대 가슴
물들이고 싶다.

61

꽃은 늘 처연하게
지고 있었지

오늘은 종일을
꽃 지듯
허무를 버리고 있다

오랫동안
나를 버리며 살았다
아직 더
버릴 게 있다는 건
축복이다

오늘은 나를 보는
내가 처연하다.

64

꿈이 잘 보이라고
잘 때도 꼭
안경을 쓰고 잤다는
슈베르트 할아버지는
꿈속에서 무얼 보고 싶었을까

나는 꿈속에서
너를 보아도
무심한 나를
보았으면 좋겠다.

67

속수무책입니다
헤매이는
내
영혼에 대하여

어찌 할 수 없는
내
그리움에 대하여

여전히
흔들리는
내
사랑에 대하여
속수무책입니다.

84

어느 날이 가버린 후
아득하던 한날에
문득
그리움으로 고개를 들면

이제 잊었노라
어느 시인처럼 그렇게
말하려 했지요

가슴 한구석
곱던
그리움의 바닷가에서

외로웠노라
시인처럼
말하려 했지요

85

속절없이
풀잎은 흔들리고
잠든 꿈에서
이유 없이 슬프던
한여름 밤의 바람 소리

잠에서 깨어
꿈인 걸 알았으면서도
소리는 그대로
가슴에서 울던 걸요

별빛 한아름 안아
가슴에 뿌려도
어두운 그리움
끝없이 울던 걸요

87

내 마음 한 웅큼
베어내어 님 가슴에
정결한 한 송이 꽃으로
피어나고 싶었지요

내 마음 한 웅큼
베어내어 님 가슴에
감미로운 음악으로
머물고 싶었지요

내 마음
모두 담아
님 가슴에서 오래 반짝일
별 하나
걸어 놓고 싶었지요

95

달빛은 흔들리고
그리움
애써 숨기며
차마
하지 못한 말

이제
낡은 가방이라도 하나
어깨에 메고
떠나야겠다
갈색 내 고향으로
나를 보내야지
텅 빈 나를 이제
보내야겠다

낡은 가방 하나 어깨에 메고
다시 내 바다로
길을 나서야겠다

96

미망의 사람아
이제 너에게 가는 길은
안개 속에 막혔다

허망한 꿈에서도
함초롬히
깊은 잠에 곱던 것들

미망의
그리움이여
젖은 꽃잎 사이로
애처롭던 것들
숨겨두고

이 밤은
맑은 영혼 마주해

술이나 한잔 해야겠다

98

사람이 사람을
그리워한다는 일은
가슴에 눈물을 심는
일이라고 합니다.

세상에서 가장
쓸쓸한 일은
사람 사랑하는
일이라고 합니다.

그래도
내 긴 적막에
빛으로 와서
짧은 인연으로
긴 행복을 준
그것이
눈물이라 할지라도

숨겨둔 말 곱게 접어
내 영혼의 뜰에
묻어

내 안의 넋도
함께 간직하렵니다.

100

우리 사랑은 이제 죽었다
백 개의 만장輓章도
죽어 가는 사랑을
살려내지 못했다

만장에 듬뿍 배인
묵향墨香도 향기를 잃었다
파란 바다도
파란 산도
파란 가슴도 이제는 없다

가혹한 내 영혼에게
오래 미안했다
겨운 그리움으로
그대에게도
오래 미안했다

쉰 목소리
마지막 노래
만가輓歌를 부른다

김승영 시집

바다는 늘 무엇이 그립다

1판 1쇄 인쇄/ 2021년 12월 15일
1판 1쇄 발행/ 2021년 12월 20일

지은이/ 김승영
펴낸이/ 김주안
펴낸곳/ 도서출판 진실한 사람들
주소/ 하남시 미사강변서로 25, 926(미사테스타타워)
Tel/ 031-5175-6210
Fax/ 031-5175-6211
E-mail/ munvi22@hanmail.net
등록번호/ 제300-2003-210호
ISBN/ 978-89-91905-78-8

값12,000원

본 도서는 2021 인천문화재단 문화예술육성지원 사업으로
발간됩니다.